一日之迹　清·邓石如

经典国文课

二〇一六 记事

诗云⊙编选

辽宁人民出版社

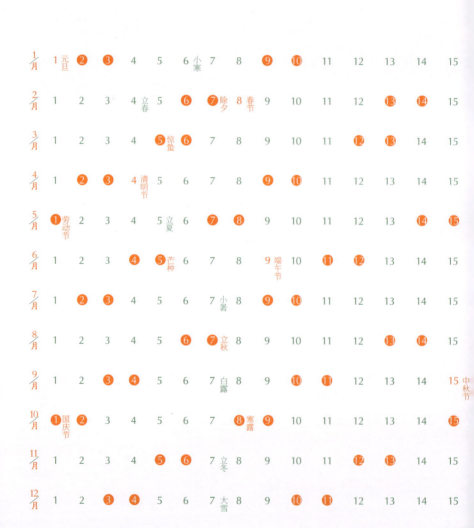

20 16

贰零壹陆

农历丙申年

18	19	20 大寒	21	22	23	24	25	26	27	28	29	30	31
18	19 雨水	20	21	22	23	24	25	26	27	28	29		
18	19	20 春分	21	22	23	24	25	26	27	28	29	30	31
18	19 谷雨	20	21	22	23	24	25	26	27	28	29	30	
18	19	20 小满	21	22	23	24	25	26	27	28	29	30	31
18	19	20	21 夏至	22	23	24	25	26	27	28	29	30	
18	19	20	21	22 大暑	23	24	25	26	27	28	29	30	31
18	19	20	21	22	23 处暑	24	25	26	27	28	29	30	31
18	19	20	21	22 秋分	23	24	25	26	27	28	29	30	
18	19	20	21	22	23 霜降	24	25	26	27	28	29	30	31
18	19	20	21	22 小雪	23	24	25	26	27	28	29	30	
18	19	20	21 冬至	22	23	24	25	26	27	28	29	30	31

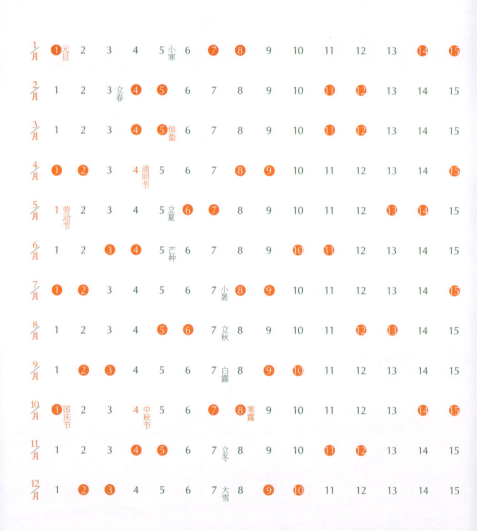

1月	❶元旦	2	3	4	5小寒	6	❼	❽	9	10	11	12	13	⑭	⑮
2月	1	2	3立春	❹	❺	6	7	8	9	10	⑪	⑫	13	14	15
3月	1	2	3	❹	❺惊蛰	6	7	8	9	10	⑪	⑫	13	14	15
4月	❶	❷	3	4清明节	5	6	7	❽	❾	10	11	12	13	14	⑮
5月	1劳动节	2	3	4	5立夏	❻	❼	8	9	10	11	12	⑬	⑭	15
6月	1	2	❸	❹	5芒种	6	7	8	9	⑩	⑪	12	13	14	15
7月	❶	❷	3	4	5	6	7小暑	❽	❾	10	11	12	13	14	⑮
8月	1	2	3	4	❺	❻	7立秋	8	9	10	11	⑫	⑬	14	15
9月	1	❷	❸	4	5	6	7白露	8	❾	⑩	11	12	13	14	15
10月	❶国庆节	2	3	4中秋节	5	6	❼	❽寒露	9	10	11	12	13	⑭	⑮
11月	1	2	3	❹	❺	6	7立冬	8	9	10	⑪	⑫	13	14	15
12月	1	❷	❸	4	5	6	7大雪	8	❾	⑩	11	12	13	14	15

20 17

贰零壹柒 农历丁酉年

18	19	20 大寒	21	22	23	24	25	26	27 除夕	28 春节	29	30	31
18 雨水	19	20	21	22	23	24	25	26	27	28			
18	19	20 春分	21	22	23	24	25	26	27	28	29	30	31
18	19	20 谷雨	21	22	23	24	25	26	27	28	29	30	
18	19	20	21 小满	22	23	24	25	26	27	28	29	30 端午节	31
18	19	20	21 夏至	22	23	24	25	26	27	28	29	30	
18	19	20	21	22 大暑	23	24	25	26	27	28	29	30	31
18	19	20	21	22	23 处暑	24	25	26	27	28	29	30	31
18	19	20	21	22	23 秋分	24	25	26	27	28	29	30	
18	19	20	21	22	23 霜降	24	25	26	27	28	29	30	31
18	19	20	21	22 小雪	23	24	25	26	27	28	29	30	
18	19	20	21	22 冬至	23	24	25	26	27	28	29	30	31

年度
2016
Jan.–Jun.
计划

年度
2016
Jul.–Dec.
计划

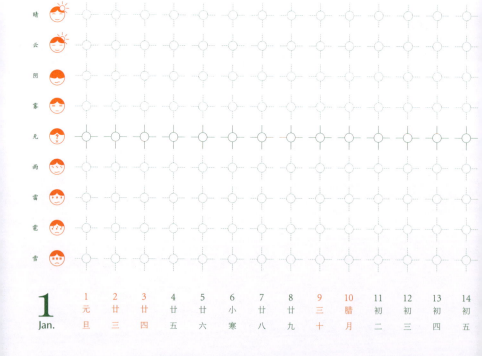

晴　云　阴　雾　无　雨　雷　雹　雪

| **1** Jan. | 1 元旦 | 2 廿三 | 3 廿四 | 4 廿五 | 5 廿六 | 6 小寒 | 7 廿八 | 8 廿九 | 9 三十 | 10 腊月 | 11 初二 | 12 初三 | 13 初四 | 14 初五 |

【心情档案馆】

二〇一六　农历乙未年

这是一幅关于心情的晴雨表

用您的「莫尔斯密码」

绘出一份心情图谱

晴　云　阴　雾　无　雨　雷　雹　雪

17	18	19	20	21	22	23	24	25	26	27	28	29	30	31
腊八节	初九	初十	大寒	十二	十三	十四	十五	十六	十七	十八	十九	二十	廿一	廿二

元旦

元旦。兄偕弟赴叔父家賀年。聞樂聲。弟悅甚。叔父曰。汝喜之乎。吾任汝弄之。弟吹喇叭不成聲。擊鑼鼓又不中節。兄謂弟曰。遊戲小事。不習不能。況學問乎。

第一课

yuán dàn

元旦

商务印书馆
《最新国文教科书（初小）》

yuán
元
dàn
旦

商务印书馆
《最新国文教科书（初小）》

三　二　正
月　月　月

报　第二课
bǎo
春
chūn
商务印书馆
《女子国文教科书（初小）》

梅花　杏花　桃花

报春　bào chūn

第二课

商务印书馆

《女子国文教科书（初小）》

黄雀
金鱼
樹上雀
池中魚

雀 què 与 yǔ 鱼 yú

第三课

彪蒙书室
《最新初等小学国文教科书》

雀与鱼
<ruby>雀<rt>què</rt></ruby> <ruby>与<rt>yǔ</rt></ruby> <ruby>鱼<rt>yú</rt></ruby>

第三课

彪蒙书室
《最新初等小学国文教科书》

人

第四课

商务印书馆
《共和国教科书新国文（初小）》

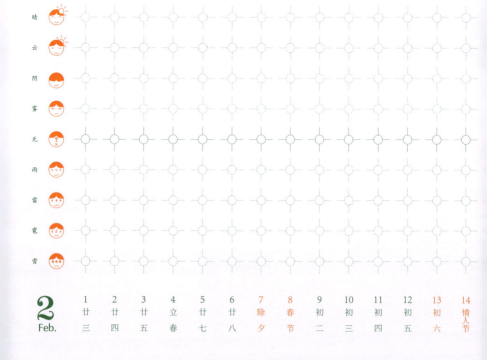

晴　云　阴　雾　无　雨　雷　電　雪

2
Feb.

1	2	3	4	5	6	7	8	9	10	11	12	13	14
廿三	廿四	廿五	立春	廿七	廿八	除夕	春节	初二	初三	初四	初五	初六	情人节

【心情档案馆】

二〇一六 农历丙申年

这是一幅关于心情的晴雨表

用您的『莫尔斯密码』

绘出一份心情图谱

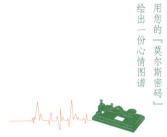

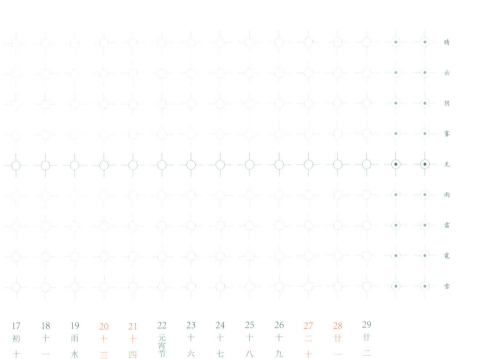

晴

云

阴

雾

无

雨

雷

电

雪

17	18	19	20	21	22	23	24	25	26	27	28	29
初十	十一	雨水	十三	十四	元宵节	十六	十七	十八	十九	二十	廿一	廿二

父 母 子 女

家 jiā

第五课

商务印书馆

《最新国文教科书（初小）》

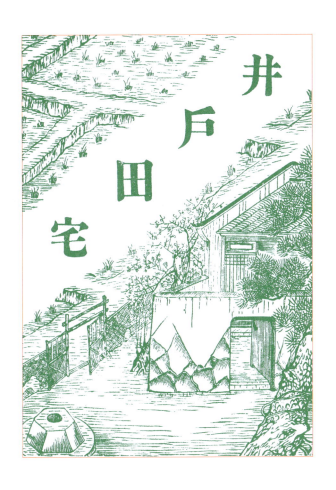

井戶田宅

家 jiā

第五课

商务印书馆
《最新国文教科书（初小）》

衣服

人之衣服
所以護身

我國衣服
長而大
故舒泰

衣服 yī fú

第六课

商务印书馆
《最新国文教科书（初小）》

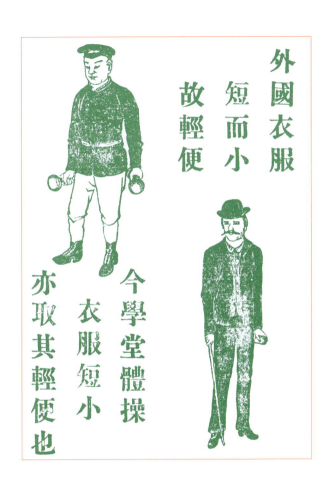

外國衣服
短而小
故輕便

今學堂體操
衣服短小
亦取其輕便也

衣服 yī fú

第六課

商务印书馆
《最新国文教科书（初小）》

裙　　　　襦

　　　　　　袴

鞾　　袋

　　鞋

衣服
yī fu

商务印书馆
《最新国文教科书（初小）》

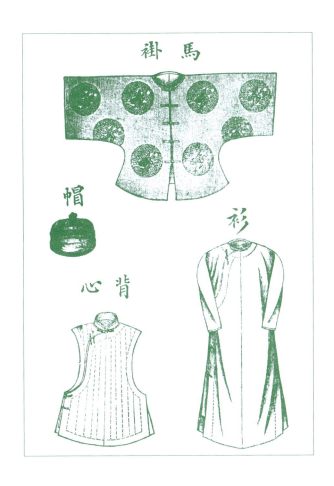

褂馬

帽

衫

心背

衣服
yī fú

第六课

商务印书馆
《最新国文教科书（初小）》

一
二
三
四
五

六
七
八
九
十

数字 _{shù zì}

第七课

商务印书馆

《最新国文教科书（初小）》

菜名歌

春日好，蔬菜多：
細葉韭，甜心
蒿，貓頭筍，鸚
嘴菠，請嘗試，
味如何？

菜名歌
cǎi míng gē

第八课

商务印书馆
《新撰国文教科书（初小）》

有客至
我迎客
入室内

看我父

客至
kè zhì

商务印书馆
《共和国教科书新国文（初小）》

父見客
問姓名
父坐右
客坐左

第九课

客至
kè zhì

商务印书馆
《共和国教科书新国文（初小）》

2016.2 / 农历乙未年——丙申年 / 腊月廿三——正月廿二

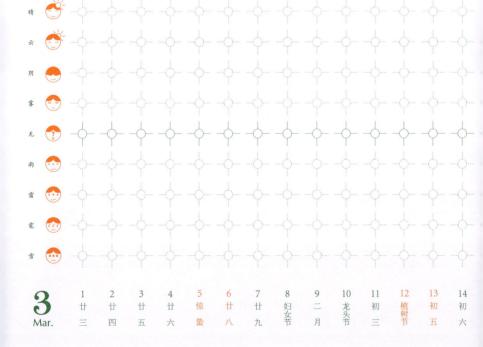

晴 云 阴 雾 无 雨 雷 雹 雪

3
Mar.

1	2	3	4	5	6	7	8	9	10	11	12	13	14
廿三	廿四	廿五	廿六	惊蛰	廿八	廿九	妇女节	二月	龙头节	初三	植树节	初五	初六

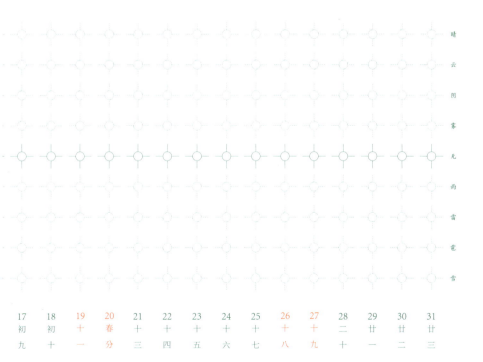

														晴
														云
														阴
														雾
														无
														雨
														雷
														雹
														雪

17	18	19	20	21	22	23	24	25	26	27	28	29	30	31
初九	初十	十一	春分	十三	十四	十五	十六	十七	十八	十九	二十	廿一	廿二	廿三

暮春三月

江南草長

雜花生樹

羣鶯亂飛

江南春
jiāng nán chūn

第十课

学部图书局（光绪）
《初等小学国文教科书》

江南春
jiāng nán chūn

第十课

学部图书局（光绪）

《初等小学国文教科书》

楊柳陰中。

燕子亂飛。

飛來飛去。

飛入誰家。

第十一课

燕子
yàn zi

学部图书局（光绪）
《初等小学国文教科书》

燕子
yàn zǐ

第十一课

学部图书局（光绪）
《初等小学国文教科书》

園中花　先後開
桃花紅
李花白
桂花黃
菊有多種　顏色不同

花开
huā kāi
第十二课
商务印书馆
《共和国教科书新国文（初小）》

李　桃

菊　桂

花 huā
开 kāi

第十二课

商务印书馆
《共和国教科书新国文（初小）》

楊柳兒生。放風箏。

楊柳兒死。踢毽子。

楊柳兒婆娑。抽陀螺。

楊柳兒彎彎。滾鐵環。

楊柳搖東風。兒童轉空鐘。

楊柳垂枯枝。家家打拔兒。

第十三课 小儿（xiǎo ér）戏具谣（xì jù yáo）

商务印书馆

《最新国文教科书（初小）》

戏
xì
具
jù
谣
yáo
小
xiǎo
儿
ér
第十三课

商务印书馆
《最新国文教科书（初小）》

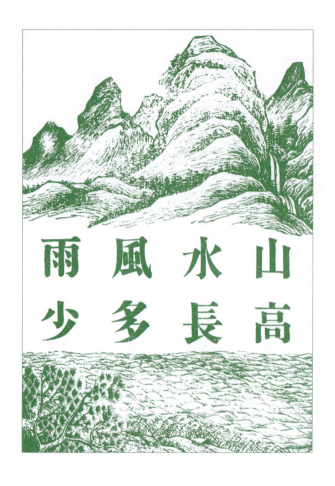

雨　風　水　山
少　多　長　高

風　山
雨　水

第十四课

shān
shuǐ

fēng
yǔ

商务印书馆
《最新国文教科书（初小）》

.

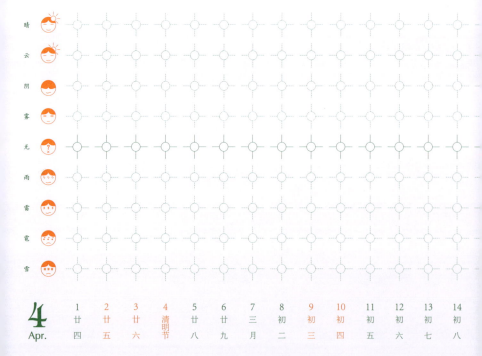

晴 云 阴 雾 无 雨 雷 雪

| 4 Apr. | 1 廿四 | 2 廿五 | 3 廿六 | 4 清明节 | 5 廿八 | 6 廿九 | 7 三月 | 8 初二 | 9 初三 | 10 初四 | 11 初五 | 12 初六 | 13 初七 | 14 初八 |

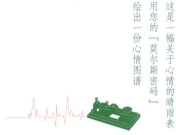

【心情档案馆】

二〇一六　农历丙申年

这是一幅关于心情的晴雨表

用您的『莫尔斯密码』

绘出一份心情图谱

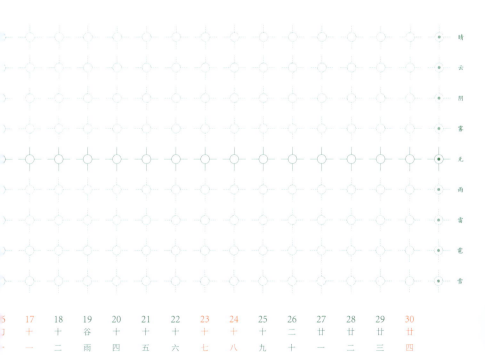

晴　云　阴　雾　无　雨　雷　电　雪

6	17	18	19	20	21	22	23	24	25	26	27	28	29	30
丿	十	十	谷	十	十	十	十	十	十	二	廿	廿	廿	廿
一	一	二	雨	四	五	六	七	八	九	十	一	二	三	四

春去夏來

草木長茂

四月孟夏

五月仲夏

六月季夏

夏 xià

商务印书馆
《最新国文教科书（初小）》

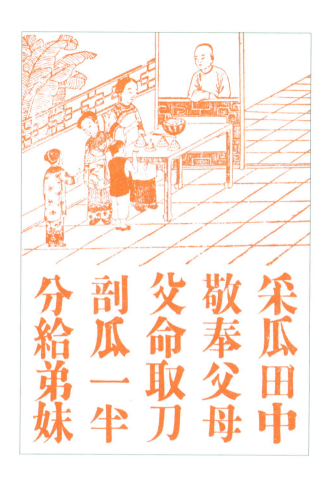

采瓜田中
敬奉父母
父命取刀
刮瓜一半
分給弟妹

夏
xià

第十五课

商务印书馆
《最新国文教科书（初小）》

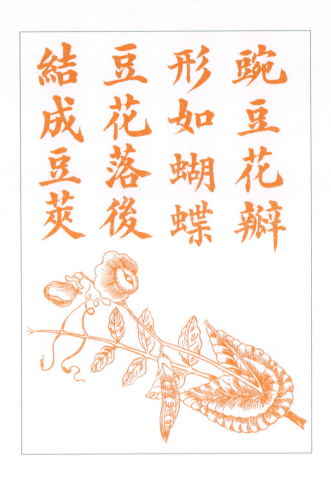

豌豆花瓣
形如蝴蝶
豆花落後
結成豆莢

豌_{wān}
豆_{dòu}

第十六課

学部图书局（宣统）

《简易识字课本》

四隻 三隻 小貓

小貓

xiǎo māo

第十七課

商務印書館
《共和國教科書新國文（初小）》

彈棉為絮

紡絮為紗

織紗為布

裁布為衣

衣食
yī shí

第十八課

商務印書館

《女子國文教科書（初小）》

秧長成稻
稻熟成穀
礱穀成米
炊米成飯

衣食
yī shí

第十八課

商務印書館
《女子國文教科書（初小）》

一幼女。學煮飯。以瓦作釜。以沙作米。以草作柴。更取落葉。作菜蔬。

煮饭
zhǔ
fàn

第十九课

商务印书馆
《实用国文教科书（国民学校）》

雨水足
田工忙
婦女采桑
兒童送飯

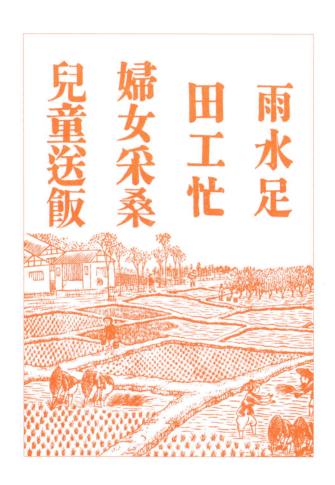

农忙

nóng
máng

第二十课

商务印书馆
《最新国文教科书（初小）》

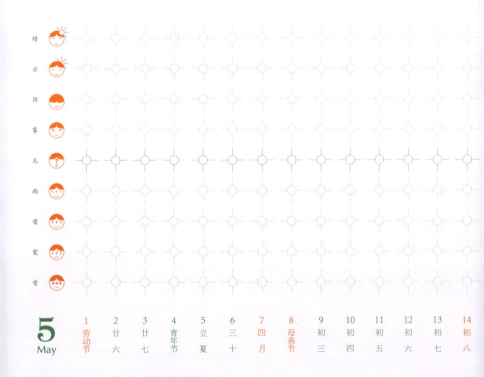

晴 云 阴 雾 无 雨 雷 电 雪

5
May

1	2	3	4	5	6	7	8	9	10	11	12	13	14
劳动节	廿六	廿七	青年节	立夏	三十	四月	母亲节	初三	初四	初五	初六	初七	初八

【心情档案馆】

二〇一六 农历丙申年

这是一幅关于心情的晴雨表

用您的「莫尔斯密码」

绘出一份心情图谱

晴 云 阴 霾 无 雨 雹 霰 雪

17	18	19	20	21	22	23	24	25	26	27	28	29	30	31
十	十	十	小	十	十	十	十	十	二	廿	廿	廿	廿	廿
一	二	三	满	五	六	七	八	九	十	一	二	三	四	五

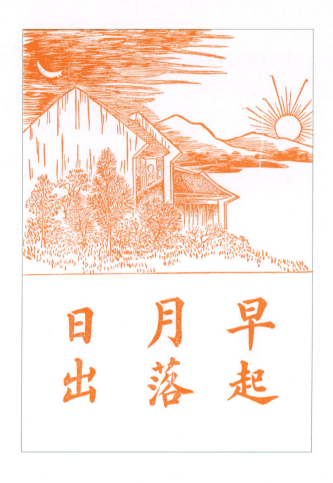

早起
月落
日出

晨 chén
见 jiàn

第二十一课

商务印书馆

《共和国教科书新国文（初小）》

今夜月明。
光照水中。
一月在天。
一月在水。

第二十二课

双月
shuāng yuè

学部图书局（光绪）
《初等小学国文教科书》

居室

有物在樹上　形圓而黑
兒指以問母曰
此爲何物　母曰
此鳥巢也

第二十三课

居室
jū shì

商务印书馆

《最新国文教科书（初小）》

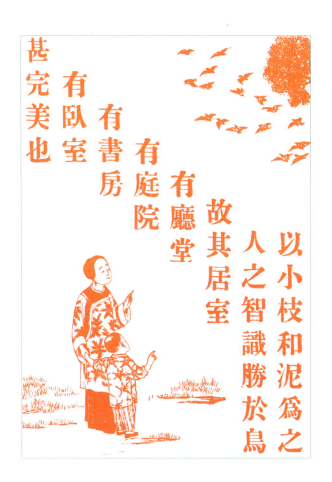

以小枝和泥爲之
人之智識勝於鳥
故其居室
有廳堂
有庭院
有書房
有臥室
甚完美也

居室 jū shì

第二十三课

商务印书馆

《最新国文教科书（初小）》

白煙

檻

曉臺

梯

棚

居室

第二十三课

商务印书馆

《最新国文教科书（初小）》

居室

第二十三课

商务印书馆

《最新国文教科书（初小）》

髮要常梳

身要常洗

窗要常開

地要常埽

清潔
qīng jié

第二十四課

學部圖書局（宣統）

《簡易識字課本》

簸箕　梳　篦　埽帚　刷　盆澡　布抹　盆臉　帚楥　漱盂　手巾　噴壺　刷牙　雞毛帚　刮舌　膩　皂肥　鹼

清洁
qīng jié

第二十四课

学部图书局（宣统）
《简易识字课本》

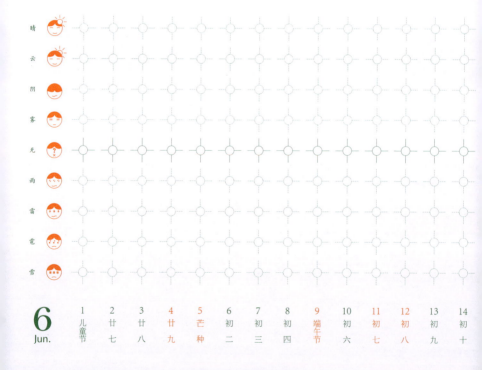

晴　云　阴　雾　无　雨　雷　雪

6
Jun.

1	2	3	4	5	6	7	8	9	10	11	12	13	14
儿童节	廿七	廿八	廿九	芒种	初二	初三	初四	端午节	初六	初七	初八	初九	初十

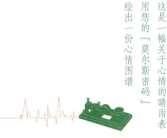

【心情档案馆】

二〇一六 农历丙申年

这是一幅关于心情的晴雨表
用您的『莫尔斯密码』
绘出一份心情图谱

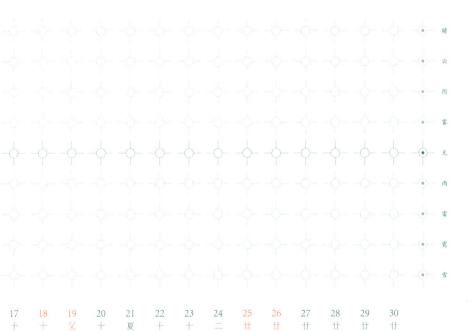

晴
云
阴
雾
无
雨
雷
雹
雪

17	18	19	20	21	22	23	24	25	26	27	28	29	30
十三	十四	父亲节	十六	夏至	十八	十九	二十	廿一	廿二	廿三	廿四	廿五	廿六

一夕月色糢糊

半夜睡醒

聞窗外雨聲淅瀝

簷馬丁東

第二十五课

雨_{yǔ}夜_{yè}

兰陵社

《最新绘图蒙学课本》

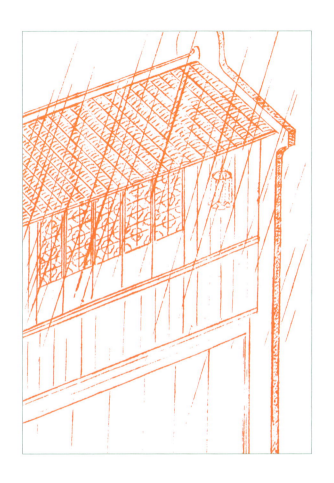

第二十五课

雨 yǔ 夜 yè

兰陵社

《最新绘图蒙学课本》

五月五日　名天中節

先生放假　弟子回家

父母兄弟　設宴家庭

角黍形尖

黃魚味美

天中节
tiān zhōng jié

第二十六课

商务印书馆

《最新国文教科书（初小）》

大路上
人往來
或乘車
或步行

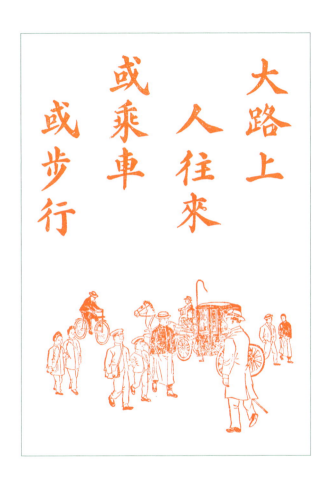

行人
xíng rén

第二十七课

商务印书馆
《共和国教科书新国文（初小）》

第二十八课

一 yī
景 jǐng

商务印书馆

《最新国文教科书（初小）》

木上雀
村中犬
紡紗女
采桑人

第二十八课

一景

yī jǐng

商务印书馆

《最新国文教科书（初小）》

割麥

麥具四季性，割麥

熟秋種夏始，蠶事了。

粉雪白餅餌香，麥登場麪。

割麦 _{gē} _{mài}

第二十九课

春风馆

《初等小学国文教科书》

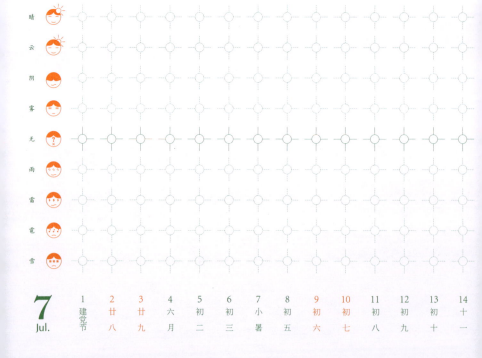

晴　云　阴　寡　无　雨　需　電　雪

| 7 Jul. | 1 建党节 | 2 廿八 | 3 廿九 | 4 六月 | 5 初二 | 6 初三 | 7 小暑 | 8 初五 | 9 初六 | 10 初七 | 11 初八 | 12 初九 | 13 初十 | 14 十一 |

【心情档案馆】

二〇一六　农历丙申年

这是一幅关于心情的晴雨表

用您的「莫尔斯密码」

绘出一份心情图谱

晴　云　阴　雾　无　雨　雷　电　雪

17	18	19	20	21	22	23	24	25	26	27	28	29	30	31
十	十	十	十	十	大	二	廿	廿	廿	廿	廿	廿	廿	廿
四	五	六	七	八	暑	十	一	二	三	四	五	六	七	八

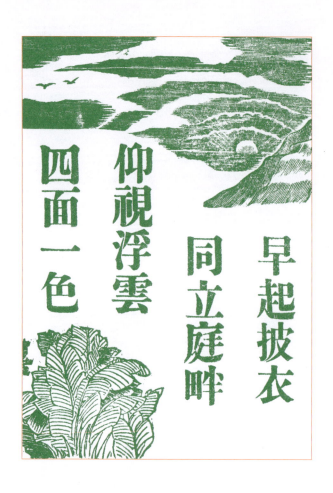

早起披衣　同立庭畔

仰視浮雲　四面一色

浮云 (fú yún)

第三十课

商务印书馆
《最新国文教科书（初小）》

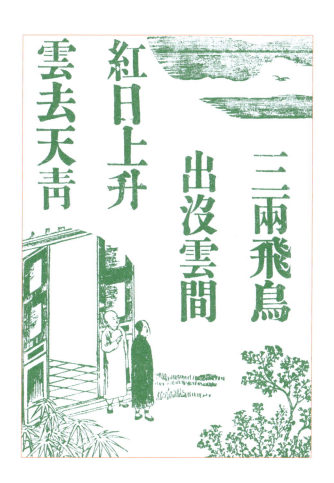

三兩飛鳥　出沒雲間
紅日上升　雲去天青

浮云（fú yún）

第三十课

商务印书馆
《最新国文教科书（初小）》

蝦蟆居陸
又居水
鸚鵡能鳴
又能言

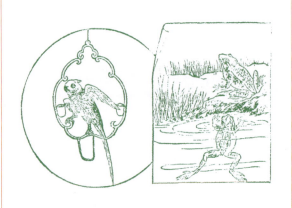

禽与兽

qín yǔ shòu

商务印书馆
《女子国文教科书（初小）》

鳥有二翼
故能飛

獸有四足
故善走

禽与兽
qín yǔ shòu

第三十一课

商务印书馆
《女子国文教科书（初小）》

日西落
天將晚
飛鳥入林
炊烟四起

暮歸
mù guī

商务印书馆
《女子国文教科书（初小）》

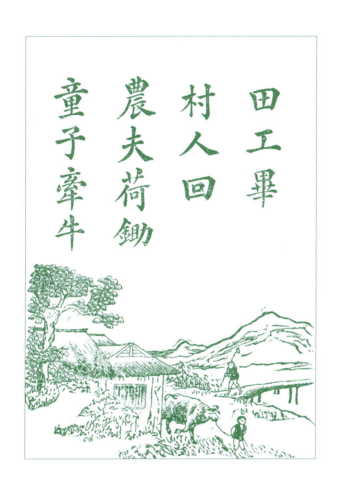

田工畢
村人回
農夫荷鋤
童子牽牛

暮归

第三十二课

商务印书馆

《女子国文教科书（初小）》

扇

秋風涼 不用扇

置扇篋中

別之日 爾為我良友

亦為我涼友 今暫與爾別

待明年夏時 可再相見也

第三十三課

扇 shàn

学部图书局（光绪）
《初等小学国文教科书》

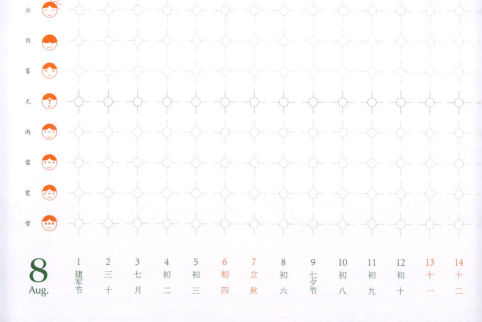

晴	云	阴	雾	无	雨	雷	雹	雪

| 8
Aug. | 1
建军节 | 2
三十 | 3
七月 | 4
初二 | 5
初三 | 6
初四 | 7
立秋 | 8
初六 | 9
七夕节 | 10
初八 | 11
初九 | 12
初十 | 13
十一 | 14
十二 |

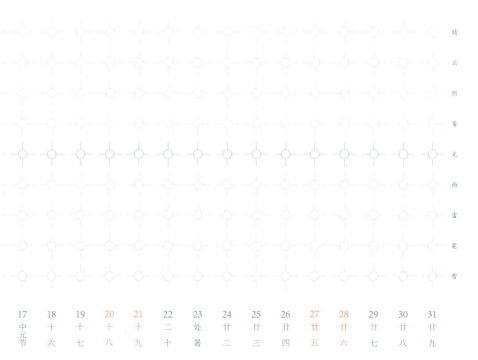

晴　云　朗　雾　无　雨　雷　电　雪

17	18	19	20	21	22	23	24	25	26	27	28	29	30	31
中元节	十六	十七	十八	十九	二十	处暑	廿二	廿三	廿四	廿五	廿六	廿七	廿八	廿九

葡萄

園有葡萄
母取一枝
兒曰

此物屬果類乎
與兒食之
母曰然

此中有漿汁
名為漿果

經霜大熟

葡萄
pú tao
第三十四课
学部图书局（光绪）
《初等小学国文教科书》

秋夜讀書記

新秋夜涼,余讀書齋中,清風徐來,一燈熒然,意甚得也。既而四壁蟲聲唧唧,似與余之書聲互相和答;其亦以光陰可惜,不肯虛度此秋夜乎?久之鐘鳴九下,余乃摺書就睡。

读书记

秋夜

商务印书馆
《新法国文教科书（国民学校）》

量布長短
必須用尺
十寸是一尺
十尺是一丈

丈量
zhàng liáng

学部图书局（宣统）
《简易识字课本》

量米多少
必須用斗
十升是一斗
五斗是一斛

文量
zhàng liàng
學部圖書局（宣統）
《簡易識字課本》
第三十六課

妝飾

周氏之女好妝飾不事女工母
誨之曰人生於世無論男女皆
貴自立今裁縫紡織汝皆不能
是無用之人也雖衣服麗都妝
飾炫耀有識者且輕汝矣。

zhuāng
妝
shì
饰

第三十七课

商务印书馆
《最新国文教科书（初小）》

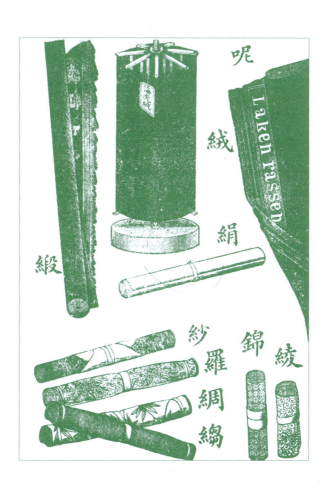

呢

絨

Laken rassen

絹

緞

紗
羅
綢
綢

錦

綾

妆饰
zhuāng shì

第三十七课

商务印书馆
《最新国文教科书（初小）》

臙脂

髻

粉

環耳

髮壓

簪

戒指

耳挖

手鐲

妆饰
zhuāng
shì
第三十七课
商务印书馆
《最新国文教科书（初小）》

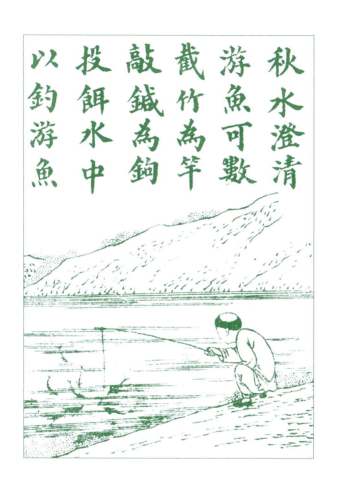

秋水澄清
游魚可數
截竹為竿
敲鍼為鉤
投餌水中
以釣游魚

第三十八課

diào
钓
yú
鱼

学部图书局（宣统）
《简易识字课本》

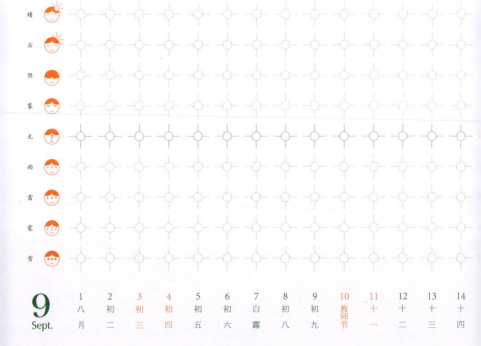

晴　云　阴　雾　无　雨　雷　电　雪

9
Sept.

1	2	3	4	5	6	7	8	9	10	11	12	13	14
八月	初二	初三	初四	初五	初六	白露	初八	初九	教师节	十一	十二	十三	十四

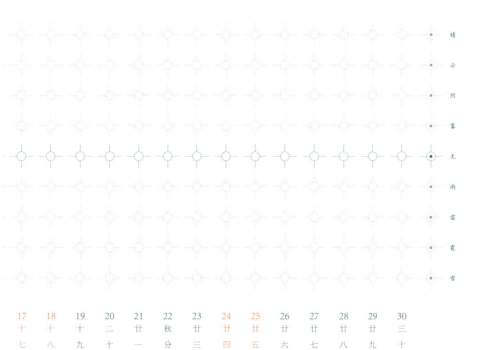

【心情档案馆】

二〇一六　农历丙申年

这是一幅关于心情的晴雨表

用您的『莫尔斯密码』

绘出一份心情图谱

晴
云
阴
雾
无
雨
雪
雹
霜

17	18	19	20	21	22	23	24	25	26	27	28	29	30
十	十	十	二	廿	秋	廿	廿	廿	廿	廿	廿	廿	三
七	八	九	十	一	分	三	四	五	六	七	八	九	十

秋有三月。

中秋

第三十九课

中秋

zhōng qiū

学部图书局（光绪）

《初等小学国文教科书》

七月為孟秋。八月為仲秋。
九月為季秋。八月十五日。
為秋之中。故曰中秋。
是日也。學堂放假。
過中秋節。

中秋
zhōng qiū

第三十九课
学部图书局（光绪）
《初等小学国文教科书》

菊花

九十月之間　菊花盛開

清香四溢　其瓣如絲如爪

其色或黃或白　或赭或紅

種類最多　性能耐寒

故經霜之後　百花零落

惟菊獨盛

第四十课

菊
jú
花
huā

商务印书馆

《最新国文教科书（初小）》

菊花 jú huā

第四十课

商务印书馆

《最新国文教科书（初小）》

農家。孟夏種稻。季秋稻熟。

刈以鐮。束以繩。

穗去外皮。及登場。而成米。打取其穗。

或炊為飯。或煑為粥。

一飯一粥。得之不易。

稻 dào

第四十一課

学部图书局（光绪）
《初等小学国文教科书》

稻
dào

第四十一课

学部图书局（光绪）
《初等小学国文教科书》

入講堂。先正坐。

先生至。起行禮。

先生言。必敬聽。

先生問。必敬對。

尊师
zūn shī

第四十二课

学部图书局（光绪）

《初等小学国文教科书》

尊师

zūn
shī

第四十二课

学部图书局（光绪）

《初等小学国文教科书》

讀書

學生入校。先生曰。
「汝來何事。」學生曰。
「奉父母之命。來此
讀書。」先生曰。「善。人
不讀書。不能成人。」

读书
dú shū
第四十三课
商务印书馆
《共和国教科书新国文（初小）》

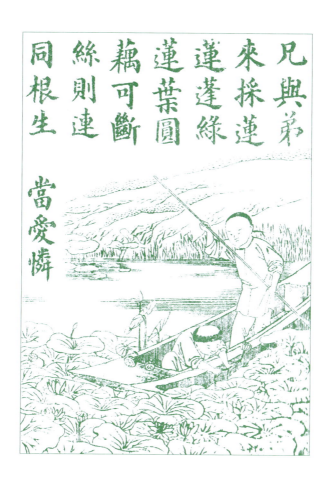

兄與弟
來採蓮
蓮蓬綠
蓮葉圓
藕可斷
絲則連
同根生

當愛憐

采莲
cǎi lián

第四十四课

学部图书局（宣统）
《简易识字课本》

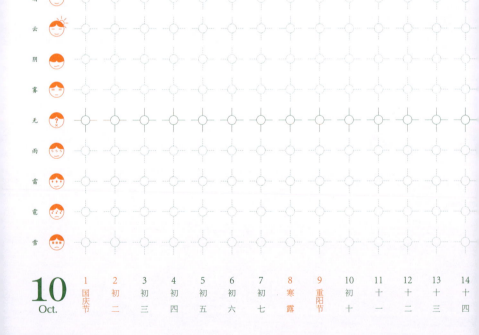

晴 云 阴 雾 无 雨 雷 雹 雪

10
Oct.

1	2	3	4	5	6	7	8	9	10	11	12	13	14
国庆节	初二	初三	初四	初五	初六	初七	寒露	重阳节	初十	十一	十二	十三	十四

【心情档案馆】

二〇一六 农历丙申年

这是一幅关于心情的晴雨表

用您的『莫尔斯密码』

绘出一份心情图谱

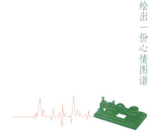

晴 云 阴 雾 无 雨 雷 雹 雪

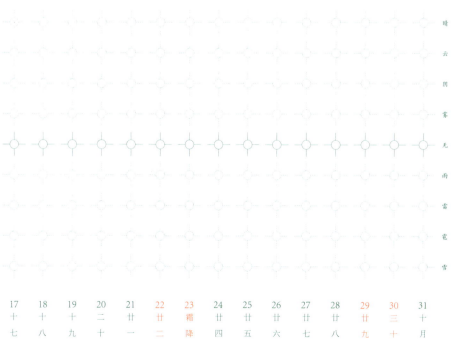

17	18	19	20	21	22	23	24	25	26	27	28	29	30	31
十七	十八	十九	二十	廿一	廿二	霜降	廿四	廿五	廿六	廿七	廿八	廿九	三十	十月

九月九日　為重陽節

風霜漸冷

菊花盛開

偕數友人

登高望遠

風景甚佳

重阳
chóng yáng

第四十五课

学部图书局（宣统）
《简易识字课本》

梧桐兩株

枝高葉大　霜降後

葉漸黃　西風吹來

落葉滿階

第四十六课

梧桐
wú　tóng

商务印书馆

《共和国教科书新国文（初小）》

捕蟹

蟹殼圓而堅

臍尖者為雄

臍團者為雌

秋冬之交

蟹漸肥大

捕蟹
bǔ xiè

第四十七课

商务印书馆

《女子国文教科书（初小）》

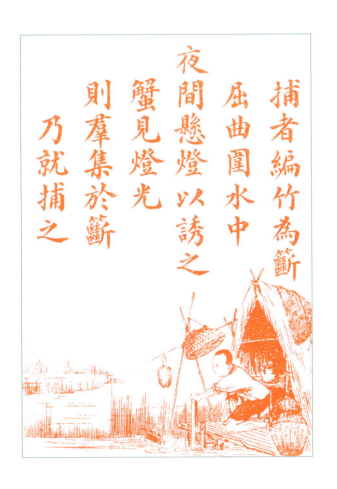

捕者編竹為籪

屈曲圍水中

夜間懸燈以誘之

蟹見燈光

則羣集於籪

乃就捕之

第四十七课

捕蟹
bǔ xiè

商务印书馆
《女子国文教科书（初小）》

我長兄
客他方
一紙家書
問兄好安

家书 jiā shū (一) yī

第四十八课

商务印书馆
《最新国文教科书（初小）》

有遠客
出門去
人未回
家信來

家书（二）

彰蒙书室
《最新初等小学国文教科书》

凡寫字　未問工拙如何　且要一筆一畫　嚴正分明　不可潦草

工 gōng
整 zhěng

第五十课

商务印书馆
《最新国文教科书（初小）》

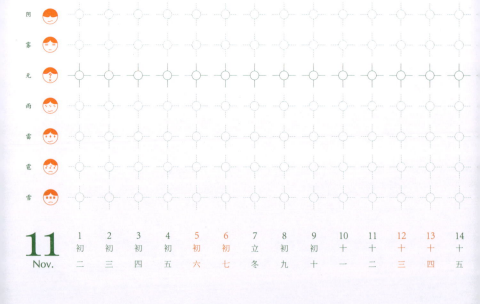

晴　云　阴　霁　无　雨　雷　电　雪

| **11** Nov. | 1 初二 | 2 初三 | 3 初四 | 4 初五 | 5 初六 | 6 初七 | 7 立冬 | 8 初九 | 9 初十 | 10 十一 | 11 十二 | 12 十三 | 13 十四 | 14 十五 |

【心情档案馆】

二〇一六 农历丙申年

这是一幅关于心情的晴雨表

用您的『莫尔斯密码』

绘出一份心情图谱

												晴
												云
												阴
												雾
												无
												雨
												雷
												雪

17	18	19	20	21	22	23	24	25	26	27	28	29	30
十	十	二	廿	廿	小	廿	廿	廿	廿	廿	廿	十	初
八	九	十	一	二	雪	四	五	六	七	八	九	一	二
												月	

雪

冬日嚴寒
北風忽起
白雲滿天
林間羣雀

第五十一課

雪
xuě
（一）
yī

商务印书馆
《女子国文教科书（初小）》

唧啾不絕　入夜

風更大　寒更甚

夜半睡醒　見紙窗微明

疑是月色　及天曉出視

始知昨夜大雪

已積尺餘矣

第五十一课

雪
xuě
（一）
yǐ

商务印书馆

《女子国文教科书（初小）》

雪

北風起。暮雪飛。

曉起望之。山水樓臺

皆成白色。寒鴉無聲。

棲於樹間。如白紙一幅。

著墨數點。真佳景也。

雪
xuě
ér
（二）

第五十二课

学部图书局（光绪）

《初等小学国文教科书》

第五十二课

雪（二）

xuě

ěr

学部图书局（光绪）

《初等小学国文教科书》

梅影

天冷月明　梅開兩三枝

斜影上窗　王兒李兒同觀之

王取筆　畫一梅　頗肖

李曰　窗上之影　紙上之畫

與院中之梅　可稱三株矣

梅 méi
影 yǐng

第五十三课

学部图书局（光绪）
《初等小学国文教科书》

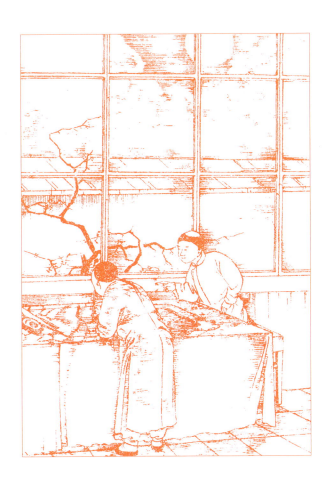

梅影
méi yǐng

第五十三课

学部图书局（光绪）

《初等小学国文教科书》

老梅樹

小窗外，有梅樹，方開花，我欲折之，幹大枝高，手攀不及，母謂我曰：「此樹乃十餘年前汝父所種，比汝大數歲，故甚高也。」

老梅樹
lǎo méi shù

商务印书馆
《新撰国文教科书（初小）》

竹几上　有針　有線

有尺　有剪刀

我母親

坐几前

取針穿線　為我縫衣

縫 féng
衣 yī

第五十五课

商务印书馆

《共和国教科书新国文（国民学校）》

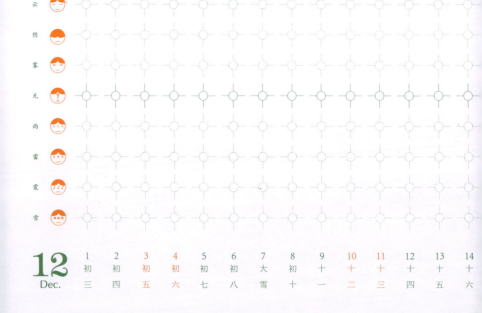

晴

云

阴

雾

无

雨

雷

电

雪

12
Dec.

1	2	3	4	5	6	7	8	9	10	11	12	13	14
初三	初四	初五	初六	初七	初八	大雪	初十	十一	十二	十三	十四	十五	十六

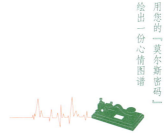

【心情档案馆】

二〇一六 农历丙申年

这是一幅关于心情的晴雨表

用您的『莫尔斯密码』

绘出一份心情图谱

晴

云

阴

雾

无

雨

雷

电

雪

17	18	19	20	21	22	23	24	25	26	27	28	29	30	31
十	二	廿	廿	冬	廿	廿	廿	廿	廿	廿	三	腊	初	初
九	十	一	二	至	四	五	六	七	八	九	十	月	二	三

今夜天寒

濃霜滿瓦

母縫寒衣

夜半未眠

寒夜 hán yè

第五十六课

商务印书馆

《女子国文教科书（初小）》

案旁有爐
爐中燒炭
炭火漸紅
一室溫煖

第五十六课

寒 hán
夜 yè

商务印书馆
《女子国文教科书（初小）》

吉凶

鴉鳴樹上　兒叱之　兒曰

父曰　是何害　鵲鳴吉　兒曰

嘗聞人言　今鳴者鴉也

鴉鳴凶

故叱之　父曰　鳥之智識

第五十七课

吉凶
jí
xiōng

商务印书馆
《女子国文教科书（初小）》

遠不如人　吉凶之事
人尚不能預知
況鳥乎

第五十七課

吉凶
jíxiōng

商务印书馆
《女子国文教科书（初小）》

瓶中有果兒。伸手入瓶取之滿握拳不能出。手痛心急大哭母曰。「汝勿貪多。則拳可出矣。」

勿貪多
wù tān duō
第五十八課

商務印書館
《共和國教科書新國文（初小）》

杜兒持紙向火為戲。母見之。曰。「火能燃物。偶不慎小則灼肌膚。大則焚房屋。不可戲也」兒自是不復戲火。

勿貪火

wù tān huǒ

第五十九课

商务印书馆

《共和国教科书新国文（初小）》

錢

我國之錢　以銅鑄之
外廓圓　內孔方
今有銅圓
其內無孔

钱 qián

商务印书馆
《最新国文教科书（初小）》

又有銀圓　大小輕重　其式不一

外國之錢　有以金造者　其用最便　通行最廣

五角

二角

一角

五分

圓

金錁

钱 qián

第六十课

商务印书馆
《最新国文教科书（初小）》

© 诗云　2015

图书在版编目（CIP）数据

经典国文课：二〇一六记事 / 诗云编选 . 一沈阳：
辽宁人民出版社，2016.1
ISBN 978-7-205-08427-1

Ⅰ . ①经… Ⅱ . ①诗… Ⅲ . ①中国文学－作品综合集
Ⅳ . ① I211

中国版本图书馆 CIP 数据核字（2015）第 274409 号

出版发行: 辽宁人民出版社
　　　　　　地址: 沈阳市和平区十一纬路 25 号　邮编: 110003
　　　　　　电话: 024-23284321（邮　购）　024-23284324（发行部）
　　　　　　传真: 024-23284191（发行部）　024-23284304（办公室）
　　　　　　http://www.lnpph.com.cn
印　　刷: 辽宁奥美雅印刷有限公司
幅面尺寸: 140mm×200mm
印　　张: 9.5
字　　数: 10 千字
出版时间: 2016 年 1 月第 1 版
印刷时间: 2016 年 1 月第 1 次印刷
责任编辑: 时祥选
装帧设计: 先知传媒
责任校对: 吴艳杰
书　　号: ISBN 978-7-205-08427-1
定　　价: 48.00 元

敬告

推出这样的文化产品于我们是一种尝试，

欢迎大家提出宝贵意见，

帮助我们改进。

意见中肯、建议可行，

将获赠本社新书一册。

欢迎企业、团体联系定制，

我们会竭力为大家提供服务。

请发邮件至：53490914@qq.com，

或致电：024-23284322

联系人：时祥选

姓名：

邮箱：

电话：

如有拾获，敬请按以上信息联系本人，非常感谢。

岁华如箭堪惊　清·徐三庚